ЭСТЕР МАФУНДА

Восстановительные шаблоны в шонах - Английский
Двуязычный Брока Афазический

AF209876

ЭСТЕР МАФУНДА

Восстановительные шаблоны в шонах - Английский Двуязычный Брока Афазический

Восстановление компонентов языка в Афазе Броки

ScienciaScripts

Imprint

Any brand names and product names mentioned in this book are subject to trademark, brand or patent protection and are trademarks or registered trademarks of their respective holders. The use of brand names, product names, common names, trade names, product descriptions etc. even without a particular marking in this work is in no way to be construed to mean that such names may be regarded as unrestricted in respect of trademark and brand protection legislation and could thus be used by anyone.

Cover image: www.ingimage.com

This book is a translation from the original published under ISBN 978-3-8443-1310-9.

Publisher:
Sciencia Scripts
is a trademark of
Dodo Books Indian Ocean Ltd., member of the OmniScriptum S.R.L Publishing group
str. A.Russo 15, of. 61, Chisinau-2068, Republic of Moldova Europe
Printed at: see last page
ISBN: 978-620-2-88766-3

ПРЕДИСЛОВИЕ

В этом исследовании описан случай сорока восьмилетней Шоны - англоязычной афазии Брока, (АМ), которая потеряла способность вырабатывать речь, читая и записывая ее в результате инсульта. Необходимость выяснить, будет ли первый приобретенный язык (шона) или второй выученный язык (английский), восстанавливаться сначала после афазии, подтолкнула его к исследованиям. Другая цель исследования состояла в том, чтобы выяснить, восстановится ли сначала языковая продукция, чтение или письмо. Тесты, которые были сделаны, включали интервью, которое было проведено с использованием Бостонского диагностического экзамена по афазии, описание картинки и чтение отрывков на языке шона и английском языке. То, как АМ выполняла различные задания, привело к выводу, что сначала восстанавливается языковая продукция, а затем - чтение, а затем и письмо. Анализируя, как АМ выполнял различные задачи на обоих языках, это исследование привело к выводу, что первый приобретенный язык восстанавливается первым и лучше, чем второй выученныйязык.

БЛАГОДАРНОСТИ

Я очень благодарен генеральному директору компании St. Giles Rehabilitation за то, что он дал мне разрешение на проведение этого исследования в их учреждении. Я чувствую себя очень обязанным, в частности, госпоже Т. Мутамбаре, логопеду в центре, а также госпоже Грегори. Большое спасибо за вашу поддержку и совет. Я хотел бы с благодарностью отметить ценную дополнительную поддержку, ободрение, терпение и мудрую мудрость, полученную от моего руководителя г-жи Дубе. Я чту вас и возношу перед Господом с сердцем, наполненным благодарностью и благодарностью. Без вашего участия я бы не справился с этой работой. Г-ну А. Мугабе я говорю "спасибо" за то, что Вы пожертвовали своим временем для интервью и обсуждений. Да исполнит Господь все ваши желания. Моя теплая благодарность также выражается шефу Мканганви, доктору Мабугу, доктору Каденге и госпоже Сибанде, ваша поддержка глубоко признательна. За самое ценное, что может иметь женщина, любящего и поддерживающего мужа, Ллойда, который был столпом силы, ободрения и благословения для меня, я говорю большое спасибо. Своим родителям я говорю, что мысли о тебе дали мне столько сил, спасибо, что ты был рядом со мной. Моим братьям Тинаше, Лазарю и сестре Пайдамойо я говорю спасибо за веру в меня. Моему злодейке Гильде, я говорю "Эбенезер", спасибо большое за то, что ободрили меня. Моей близкой подруге Бренде, я говорю "спасибо" за то, что твои непоколебимые слова поддержки подвели меня. Только Бог знает, как я благодарна. Поддержка и советы господина и госпожи Саймон Мафунда очень ценятся. Мукуваше Мангене я говорю "спасибо" за то, что Вы меня так вдохновляете. Особая благодарность моим родственникам. Ваша поддержка никогда не будет забыта. Моей прекрасной дочери, Няшадзаше, спасибо за то, что ты такая понимающая дочь, ты действительно ангел и благословение. На уроке "Честь в лингвистике 2008 года" я говорю "спасибо" за то, что вы такая замечательная команда. Богу, Отцу моему Небесному, я говорю "спасибо" за то, что вы направляете меня. Я такой, какой я есть сегодня, благодаря Вашей любви ко мне.

ОПРЕДЕЛЕНИЕ

Эта диссертация посвящена моей дочери Няше и моему мужу Ллойду Кувапфайре.

ОГЛАВЛЕНИЕ

АНГЛИЙСКОЕ ИНТЕРВЬЮ

В	:	Помнишь ли ты дату, когда ты перенес этот инсульт?
А	:	III был, ночью, ночью... на самом деле... я не могу вспомнить...
Вопрос	:	Помните ли вы, что люди из отделения физиотерапии приезжали в Увидимся?
О	:	Да
В	:	Но была ли речь?
О	:	Да
Вопрос длиться вечно?	:	Чувствуете ли вы, что эта речь будет
О	:	Я не могу... Я не могу... Я не знаю.
В	:	Как теперь ваша память?
А	:	А : А:Ико Звино...А:А:А:Нет проблем.
В	:	Как ваше полное имя?
А	:	Амон Мугаве
В	:	Дай мне полный адрес
А	:	16 Андерсон авеню Кортвуд Хилл.
В	:	Расскажите мне все о работе, которую вы использовали перед собой. ты перенесла этот инсульт.
О	:	Я был... я... я... я... я... я... я... я... работал... мана... Руководство.
В	:	Какое управление --- это управление?
О	:	Да
Q	:	Так что ваше звание будет
А	:	Лейтенант... а... майор.
Q	:	Ты не посещаешь логопедов, у меня есть током. Как же тогда Улучшить?
О	:	Я не знаю... потому что... есть... проблема с... наличными...

v

В	:	Вам нравится ваша работа?
А	:	Очень-очень-очень
В	:	Что вам нравится в вашей работе?
О	:	Всё
О	:	Я хочу как-нибудь посетить ваше рабочее место, с кем мне поговорить?
А	:	Полковник, подполковник, полковник -а-а-айва -а- полковник Сигауке.
В	:	Расскажи мне о своей семье
О	:	У меня 5 детей. Геофри. Учитывая , Подарок, Геолота и Геофри...
		Последние роды - близнецы
В	:	Что тебе не нравится на работе?
О	:	Всё
В	:Есть	вещи, которые вам не нравятся. Что это?

Ничего. Я... наслаждаюсь всем .

ПРЕЗЕНТАЦИЯ ФОТОГРАФИИ

Q : Расскажите мне все, что вы видите на этой фотографии на английском языке.

A : Ребенок..... спит

Q : Где спит этот ребенок?

A : На диване

Q : Что еще ты видишь?

A : Эти-оны

Q : Что это за штуки?

A : Ах... Ах, ... Ах...

Q : Это люди?

A : А... нет... они... как... что... а...

Q : Куклы?

A : Да Куклы

ИЗОБРАЖЕНИЕ 2

Q : Расскажите мне все, что вы видите на этой фотографии

A : Жена... а... говорит... а... а... а... ко... ко... ко... ко...

Q : Что она открывает?

A : да

Q : Что это? Может это коробка

A : Да... коробка

Q : Что в коробке?

A : Ничтожество... шляпа...
Какого цвета летучая мышь?

Q:

A:		Black
Q:		Черный Какого цвета костюм она носит
A:		А-а-а-а
Q:		Розовый, не так ли?
A:		Ah-yes

Спасибо

READING

Лев... лев... ах... лев, рождается....а-а-а не - один выходит, когда стучит, стучит, и, стучит на

одного... другой с запахами... злость и... триллер... и инстинкт... инстинкт..,...в жителе...

котенком, за исключением... волос и... игры, перерастает в его... охоту, а навыки убийства,

техники, техники... проходят через... длинные, практически имитации старых львов,

практически, имитации... старых львов... и.... некрологические... сжигание и... мать.

SHONA

B	:	Макадини майор Мугабе?
A	:	Ндири прав
B	:	Масвера звакадии нхаси?
A	:	Ндасвера
B	:	Масвера мучитей
A	:	Хапана -андангандакавата
B	:	Мабойта мэкс-тренировки hre?
A	:	Ха-па-на. Нданга анда-кавата-пасофа.
B	:	Макамбопинда мучипатара здесь?
A	:	Ээ, падоктор, Ндивени... мутаун...

Q	:	Vephisio theraphy vambouya kunokuonai здесь?
A	:	Ваймбуя ...но пандаказонгирикина,ndanga -ndichi nhingirikina -
		Ндичиенда... ку Святой Джайлз Некути... Нданганддичибхадара

Хо... Майбхадхара мега?

A	:	Хо-нгу
B	:	Ko kuspeech makambondiona здесь?
A	:	Ндакаона -ndakaona nemi -nivir-kunhingi kuGiles
	Q:	Мучизвитарисиса мюрикуона тихикванисакубацираи здесь кушпич?
A	:	Ндофанирва ..куона .ико звино ..гандизивихангу ..кут звичафамба..сэй?
B	:	Мунофунга - мучаная рини куспич?
A	:	Хандисати
B	:	Ндитауриво зита ренью рес раказара
A	:	Хандисати
B	:	Ндитаурирейво зита ренью рес раказара
A	:	Амон Мугаве
B	:	Макабереква купи?
A	:	КуМасвинго
B	:	Мугор рипи?
	A:1960	
B	:	Ндиудзейво кероп йепано?
A	:	16 Андерсон - Кортсвуд Хиллс
Q	:	Tiudzeiwo zvekubasa kwenyu, kushanda kwamayiita
A	:	Ндиношанда - офисное управление...Нденге...Ндичиита...
		..управление
Q	:	Курикути муноенда кубаса нхаси кана мангвана мучири

кузвирангарира

здесь звекунойта кубаса

A : Ндокваниса, но... проблема... Ндейекутаура, но кутиндозива... вот кути...

Ндозива... здесь кути... Ндоита сэй... но нокуньора... как кунонец.

Q : Кури кутиндиноенда кубаса квеню, матиндонуна ани зия?

Полковник.. . Сигаукэ мунондинета наДоктор ...Чикура Анокваниса

Кути... Ватавр... Нашефу...

B : Кунофамбика здесь

A : ах, но...я. звир ку...ари.ку.ба.ах, но гандичазиви кути.эрами,

Куна... мабус. ушной вкладыш. Ндофунга ...токваниса ...кутаура

...номукваша ...литенант ...полковник анокваниса кути, кутитакура ...

Q : mune vana vangani?

A : 5

B : Мазита ароматизирует мучири куазиву?

A : Годфри, Годфри, Гелот, Подарок...

ПРЕЗЕНТАЦИЯ ФОТОГРАФИИ

Q : Nditsananguririiwo zvamuri pamufananidzo yandinayo iyi tichitanga

A : Ндир...куона.мвана.акабата банана.ндофунга арикуда кудья

Сака... акагара паси. Паси... поглаживаемые... мафруты из

стеклопакета. Акагара паси.

ИЗОБРАЖЕНИЕ 2

B : Nditsananguririiwo zvakare zvamuri kuona pamufanidzo uyu wandiwo.

x

A   :   Mwana..mukomana..ari..ku.pfe..ka..masoft ..manhingi

А-а-а-сака акагара пачея складывается...

Мамбониатотариса Звакаита Маскачо здесь?

A   :   Ака... академбу... хаана... кунгирикина... кувара... куцка... ндофунга

Акаварута... Акабварука... иро рамве... а, римве рири справа.

READING

Кана ...мудики ...ангоита...

.dozva.a.dowa.kushaya..hany.nya.nevamwe...chiratidza.kuti.muti

мукадзи...ава...непамвири...ах, паму, памвири, ндеше кути...мукадзи...ах...ах...ах, паму,

памвири, ндеше кути...мукадзи...

ати... кунгога... опф... па, па, парира... рерузона... ати кунгогара звинху паненге

пата...пата...садза...мвимба куфунгира...кунге

мукадзи...апа...асия...ачисака...курирангира...тутсика мунин'инья вомукадзи кана

акати...мвана...нхаси...хнзвадзи...йомукадзи...

БОСТОНСКОЕ ДИАГНОСТИЧЕСКОЕ ОБСЛЕДОВАНИЕ АФАЗИИ

(B.D.A.E.) КОНТРОЛЬНЫЙ ЛИСТ

1.   РАЗГОВОРНАЯ И ПОЯСНИТЕЛЬНАЯ РЕЧЬ

Провести неофициальный обмен мнениями с учетом предложенных вопросов, с тем чтобы получить как можно больше желаемых ответов. Записывать дословно, если это возможно.

a.   Ответ на приветствие . (B. "КАК ВЫ ДОГОВОРНЫ?" или эквивалент):

b.   Ответ: "Да" или "Нет" (Q " ДАЛЕЕ ВЫ КАЖДЫЕ ИСПОЛЬЗОВАНЫ ЭТУ

ХОСТИСТРАЦИЮ
ПЕРЕД?" или "Я проверял тебя раньше?")):

c.   Ответ: "Думаю, да" или эквивалент.(В:ВЫ СЧИТАЕТСЯ, Могли бы мы Вам
      помочь?" или "...Могли бы мы Вам помочь?"):

d.   Ответ "Я не знаю" или эквивалент. (Q: КОГДА ВАШЕ ЛЕЧЕНИЕ БУДЕТ
      ЗАКОНЧЕНО?"):

e.   Ответ: "Надеюсь" или эквивалент. (Q "СЛИШКОМ ДОЛГО БУДЕМ
      НАДЕЯТЬСЯ...., ЧТО ТЫ СКАЖЕШЬ?"):

f.   "Как ваше полное имя?"

g.   "Какой у вас полный адрес?" (Примите как правильный любой ответ, включающий
      улицу и номер или улицу и город):

h.   Открытая беседа: Для того, чтобы получить как можно больше свободного общения,
      эксперту предлагается начать со знакомых тем, таких как: "Какой работой ты
      занимался до того, как заболел?" и "Скажи мне, что случилось с тобой, чтобы отвезти
      тебя в больницу". Поощряйте пациентов говорить 10 минут, если это возможно. (
      Минимум "да" - "нет" - "нет" - вопросы и изучение конкретных фактов. Если запись
      не используется, записывайте как можно больше дословно.

i.   Представление картины. Покажите фотографию и скажите пациенту: "Расскажите
      все, что вы видите на этой фотографии". Укажите на игнорируемые черты картинки
      и попросите прояснить, является ли реакция пациента более скудной, чем его
      очевидный потенциал. Обычно достаточно минуты.

Воровство куки-файлов (карта 1)

Это не единственная часть теста, но именно этот раздел был использован.

ГЛАВА 1

Введение

1,0 Зона расследования

Тема этого исследования относится к двум широким областям, а именно: афазия и двуязычие. Двуязычие и афазия являются двумя смежными областями в области психолингвистики. Афазия определяется Кендалем (1998) как языковое расстройство, вызванное очаговым повреждением мозга у ранее нормальных пользователей языка. Афазия Брока - это нарушение физической способности произносить речь или, в крайних случаях, неспособность говорить вообще, вызванное повреждением области Брока. Двуязычный может быть определен как человек, который способен общаться на двух языках, хотя между учеными существуют разногласия относительно того, кого следует считать двуязычным.

Исследование фокусируется на двуязычном шона-английском афазе, которому был поставлен диагноз афазии Брока в результате инсульта (CVA), вызванного высоким кровяным давлением. Исследования, которые были проведены на двуязычных афазии включают Рибо́тс (1882), который обнаружил, что в двуязычных афазии, восстановление на первом месте в гостиной матери человека в то время как Питрес (1895) обнаружил, что в двуязычных афазии восстановление на первом месте в второй выучить язык человека. Поэтому одной из основных задач исследователя является выяснить, восстановит ли изучаемый человек свой первый приобретённый или второй выученный язык.

Инглис (1999) и Аврутин (1999) среди других авторов характеризуют лиц с афазией Брока как имеющих общее нарушение речевого производства.

Предыдущие исследования характеристик афазии Брока, в том числе Сарно (1981), обнаружили нарушения чтения и записи в афазии Брока. Согласно Сарно (Sarno, 1981), характеристики устной речи афазии Брока являются зеркальными в их чтении и письме. Это означает, что при афазии речи Брока нарушается чтение и письмо, и одной из целей данного исследования является выяснение того, какой из этих аспектов восстанавливается первым в двуязычном афазии Брока на языке шона - английском. Это исследование поможет в понимании выздоровления в Шона - Английский Брока's двухъязычный афазии.

1.1 Цели

* для изучения того, будет ли к данному исследованию применяться Закон о Питрах (1895 г.) или Закон о корнях (1882 г.).

* установить порядок восстановления речевого производства, чтения и письма в двуязычном афазисе Шона - Английский Брока.

* выяснить, не пострадают ли оба языка двуязычного афазового Брока из-за афазового оскорбления.

1.2 Обоснование исследования

Как указывалось выше, целью данного исследования является установление закономерности восстановления компонентов языка в двуязычном афазе "Шона-английский" Брока. Было проведено несколько исследований по двухъязычному афазному языку и закономерностям восстановления, но большинство исследований, похоже, было сосредоточено на восстановлении либо первого, либо второго приобретенного языка. Поэтому исследователь решил заполнить этот пробел, расширив изучение восстановительных процессов в

2

двуязычной афазии путем установления порядка восстановления языковых аспектов. Таким образом, это исследование будет иметь важное значение для зимбабвийских логопедов, поскольку, зная порядок восстановления языковых аспектов, они будут знать те аспекты языка, которые трудно поддаются восстановлению, тогда им, возможно, придется уделять больше внимания этим аспектам во время терапии.

Исследование является вкладом в психолингвистику банту, так как оно сосредоточено на языке шона, который является языком банту. Как уже было сказано, ни в одном из существующих исследований в области психолингвистики банту не рассматривался порядок восстановления различных аспектов языка в двуязычном aphasic, на чем и фокусируется это исследование. Это исследование также будет способствовать пониманию взаимосвязи между языком и мозгом.

Исследователь также имеет право провести это исследование, так как она является носителем языка Shona, а Shona - английского двуязычного в том смысле, что она может общаться на обоих языках. Знание исследователем обоих языков с помощью анализа данных

1.3 Методика

В данном разделе рассматриваются методы, которые использовались при сборе и анализе данных в ходе данного исследования. Методология разделена на два раздела. В первом разделе рассматриваются методы сбора данных, используемый предмет и вклад исследователей. Во втором разделе рассматривается то, как анализировались собранные данные.

1.3.1 Сбор данных

Данные были собраны в реабилитационном центре Святого Жиля. Это центр, который предлагает логопедическую, физиотерапевтическую и эрготерапевтическую помощь пациентам, страдающим психическими и физическими расстройствами. Центр заботится как о взрослых, так и о детях.

Исследование проводилось на пациенте мужского пола, проходящем лечение в центре. К моменту исследования пациенту под названием AM было 48 лет. Он - двуязычный шона, который выучил английский (свой второй язык) в возрасте семи лет, когда начал посещать начальную школу. Он мог свободно и эффективно общаться на обоих языках, прежде чем страдать от афазного оскорбления. Ему поставили диагноз Brocas aphasia в результате инсульта (CVA). Из-за афазного оскорбления он потерял речь. Он не мог говорить, пока не прошел четыре месяца терапии. После четырех месяцев терапии его речь начала восстанавливаться, но она была нечеткой, и у него были проблемы с памятью. Его понимание было довольно хорошим, так как он мог выполнять команды. Это сделало его хорошим кандидатом для этого исследования, так как он мог участвовать во время терапии. Это исследование было проведено через год после того, как AM перенес инсульт и получал терапию около восьми месяцев. AM пострадал от инсульта во время работы в качестве лейтенанта-майора в национальной армии. Английский язык - это язык, которым он в основном пользовался, когда общался на работе, так как он считается официальным языком общения в Зимбабве. Дома он в основном общался в Шоне, хотя у него была тенденция смешивать и английский, и шона во время общения дома. Подопытный страдал параличом правого полушария, который поражал его руку больше, чем ногу, из-за оскорбления афазией, от которого он страдал.

Предмет был выбран для этого исследования, потому что он находился на лучшей стадии выздоровления, чем другие в центре. Он мог участвовать во время сеансов и не мог легко устать во время терапии, что делало его более подходящим объектом.

Наиболее важным фактором при выборе предмета исследования было то, что ему поставили диагноз афазии Брока, и он был двуязычным Shona English, на котором и было сосредоточено исследование.

При сборе данных использовались методы наблюдения и записи на магнитную ленту. Для записи данных, полученных с помощью Бостонского диагностического и фазологического обследования (BDAE), использовалась магнитофонная запись с использованием очного интервью. BDAE - это тест, который используется для диагностики афазии. Он используется при классификации афазии. По словам Сарно (Sarno, 1981), цель диагностики достигается при помощи комплексной выборки компонентов языка (например, беглости речи), которые ранее доказали свою ценность при идентификации афазных синдромов. Тест разделен на пять языковых разделов: разговорная и пояснительная речь, слуховое восприятие, устная речь, понимание письменной речи и письмо. Каждый раздел состоит из множества различных подмножеств. Ленточное перекодирование позволяет проверить утверждения исследователя о языках и дает возможность сделать эти утверждения более точными. Сложные фрагменты речи можно слушать многократно.

Метод наблюдения основан на наблюдении за лингвистическим поведением Поскольку действия и поведение людей являются центральным аспектом практически любого исследования, естественным и очевидным методом является наблюдение за тем, что они делают для того, чтобы каким-то образом это записать, а затем описать, проанализировать и интерпретировать то, что было замечено.

Во время сбора данных, исследователю помогал логопед (ST) из центра, который присутствовал во время очного интервью. Это было сделано для того, чтобы пациенту было удобнее, так как он знал, что его записывают на плёнку, и ему было объяснено, с какой целью производится запись. Однако, запись на магнитную ленту была нелегкой задачей из-за проблемы конфиденциальности. Многие пациенты не чувствуют себя комфортно, когда их записывают на магнитную ленту.

Сбор данных проводился в течение полутора месяцев за четыре сессии. Исследователь посетил восемь сессий, прежде чем попросить разрешения на запись. Посещение было сделано для того, чтобы ознакомить пациента с исследователем. BDAE использовалось для тестирования речевой продукции пациента, описание изображения также использовалось в качестве теста для речевой продукции. Подопытному было предложено прочитать короткие отрывки на языке Шона и английском языке, чтобы проверить его способности к чтению и понимание прочитанного. Подопытного также попросили написать под диктовку логопеда, чтобы проверить его способности к чтению. Вопросы по программе BBAE были переведены логопедом с английского на шона. Модели восстановления оценивались по результатам собранных данных.

1.3.2 Анализ данных

После записи данных исследователь сгруппировал их по различным категориям

6

для анализа и получения результатов. Данные были разбиты на различные разделы, а именно: производство, чтение и запись. Также были отмечены два основных раздела, а именно: шона и английский. То, как субъект произносил свою речь, использовалось для того, чтобы судить о том, восстановил ли он производство. Факты, которые анализировались на производстве, включали количество речи, произнесенной субъектом, грамматичность высказываний и время, затраченное на произнесение определенных высказываний. Ошибки, которые были проанализированы, включают оменьшение ключевых слов, например, соединительных слов и других забавных слов, ошибочный выбор слов, например, замена предполагаемого слова на другое, которое может быть или не быть связано со звуком или изображением, и нарушение порядка слов. Анализ проводился на моноязычном языке, каждый язык анализировался отдельно, а затем проводилось сравнение, чтобы выяснить, какой язык восстановился лучше, чем другой.

Результаты, полученные в результате выполнения различных задач, были использованы для определения того, какие аспекты языка были восстановлены, а какие еще предстоит восстановить. Это помогло установить порядок восстановления языковых компонентов в двуязычном афазисе

1.4 . Организация обучения

Это расследование разделено на четыре главы. В первой главе рассматривается предыстория исследования и метод, с помощью которого были собраны и проанализированы данные. Вторая глава представляет собой обзор литературы, связанной с исследованием. В этой главе также рассматриваются предыдущие исследования, связанные с исследуемой темой. Это работает как обоснование темы исследования, так как позволяет пролить свет на то, что было изучено. Третья глава посвящена представлению, интерпретации и анализу собранных данных. Четвертая глава является завершением данного исследования.

ГЛАВА ДВА

ОБЗОР ЛИТЕРАТУРЫ

2,0 Введение

В главе рассматривается литература, относящаяся к афазии и двуязычной афазии, так как в данном исследовании основное внимание уделяется двуязычной афазии. Было замечено, что афазии Брока имеют трудности в спонтанном произношении речи, чтении и письме, в то время как их понимание было замечено, чтобы показать меньше нарушений. Природа нарушений этих аспектов языка и их восстановление будут обсуждаться в этой главе. Это будет сделано с помощью обзора предыдущих исследований по двуязычному афазии в целом, афазии в языках банту и шона в частности, характеристики афазии в целом и Brocas aphasia.

2.1   Афазия

Традиционно афазия определяется как нарушение способности центрального языка в речевом режиме после повреждения/повреждения мозга. Yule (1985), определяет афазию как нарушение речевых функций вследствие локализованного повреждения мозга, которое приводит к трудностям в понимании и/или выработке лингвистических форм. Источником нарушения речи обычно является место повреждения или травмы головного мозга человека. Это означает, что повреждение определенных участков мозга может вызвать определенные симптомы афазии. Согласно Yule (1985), классификация типов афазии обычно основывается на первичных симптомах афазии, испытывающей языковые трудности. Существуют различные типы афазии, которые включают в себя, проведение афазии, глобальной афазии, афазии Верникера и афазии Брока. В этой

9

диссертации больше места отводится афазии Брока.

Ламберт (1972) и Брока (1960) обнаружили, что повреждение нижней части левой лобной части приводит к затруднениям в произнесении речи. Набор симптомов, которые стали называться афазией Брока, характеризуется медленной, трудоемкой артикуляцией аграмматической речи. Понимание простых грамматических структур, как правило, щадит, по сравнению с тяжестью производственного дефицита. Вуд и Вуд (Wood and Wood, 1999), отметили, что пациенты с афазией Брока знают, что хотят сказать, но могут говорить очень мало или вообще не могут говорить. Если они способны говорить, то их слова производятся очень медленно с большими усилиями и плохо сформулированы. Тогда афазия Брока - это дефицит в выработке языка, а не в его понимании.

О'Грейди (1992), говорит, что речь афазии Брока также известна как телеграфная речь, так как пациенты опускают функциональные слова, например, *его, к* и *а.* Предыдущие исследования характеристик афазии Брока, включая Сарно (1981), отметили нарушения при чтении и письме в афазии Брока, Сарно (1981), заметили, что афазии Брока показывают нарушения при письме, которые сопоставимы с их дефектами речи, особенно в отношении наличия словосочетания и аграмматизма. Другими словами, пациент, который не может произнести слово *"ложка"*, не сможет правильно его написать. В то время как молчаливое прочтение афазики Брока очень хорошо, их чтение вслух показывает тот же телеграфный стиль, что и их пятнистая речь.

В большинстве случаев афазии Брока, нарушение спонтанного производства речи, чтения и письма появляются вместе, хотя и в разной степени. Поэтому целью исследователя является выяснить закономерность, по которой речевое производство, письмо и чтение происходят при выздоровлении.

2.2 Двуязычный

Термин двуязычие, как правило, зарезервирован для лиц, обладающих способностью использовать два языка и, чтобы считаться двуязычным, человек должен иметь возможность использовать два разных языка. Однако, определение того, является ли данный человек двуязычным или нет, далеко не простое.

Согласно Альберту и Олдеру (Albert and Obler, 1978), одни авторы фокусируются на равной пассивной компетентности на обоих языках (слушание и, возможно, чтение одинаково хорошо), в то время как другие - на равной продуктивной компетентности (разговорная и, возможно, письменная речь). Исследователи также различаются по степени знания, необходимой для двуязычия, так как некоторые люди являются двуязычными только в том случае, если она "знает" оба языка одинаково, другие исследователи могут включить студентов третьего курса второго языка в их определение двуязычия.

Однако, ради данной диссертации, исследователь считал двуязычным человека, способного общаться на двух языках, человека, способного говорить на двух языках. Согласно Веринрайху (1953), который широко определяет двуязычие как "практику альтернативного использования двух языков". Этому определению было отдано предпочтение, потому что оно включает в себя как можно более широкое население, хотя и оставляет нерешенными несколько вопросов. Этому определению было отдано предпочтение, так как разумно ожидать, что

11

отличительные подгруппы будут найдены среди всех людей, которые "альтернативно используют два языка". Это означает, что двуязычие - это не все или одно свойство, а индивидуальная характеристика, которая может существовать в различной степени - от минимальной компетентности до полного овладения более чем одним языком.

Предмет, используемый для этого исследования, считался двуязычным, так как он мог читать и писать на шонах и английском языке его второй язык до того, как он страдал от афазного оскорбления. Целью исследователей является выяснить, является ли это Шона или английский язык, который будет восстанавливаться первым и является ли это производство речи, чтения или письма, который восстанавливается первым в Шона-английского Брока афазии.

2.3   Двуязычные афазные исследования в целом

Было проведено несколько исследований по двуязычным акцентам, и некоторые из них будут рассмотрены в этом разделе. Исследования были проведены на двуязычной афазии, чтобы выяснить, какой язык восстанавливается первым после афазного оскорбления, первый приобретенный или второй приобретенный язык. Фаббро и др. (2001) обнаружили следующие закономерности: параллельное синергетическое восстановление, дифференциальное синергетическое восстановление, антагонистическое восстановление, последовательное восстановление и селективное восстановление. Параллельное синергетическое восстановление - это когда оба языка восстанавливаются примерно с одинаковой скоростью, дифференциальное синергетическое восстановление - когда оба языка восстанавливаются, но один восстанавливается быстрее другого, антагонистическое восстановление - когда один язык восстанавливается за счет другого, последовательное восстановление - когда один язык восстанавливается полностью до того, как происходит какое-либо восстановление на другом языке, а выборочное восстановление - когда пациент вообще не восстанавливает один из своих языков. Результаты такого исследования имеют важное значение для настоящего исследования, поскольку в нем даны рекомендации относительно того, как восстанавливаются языки в двуязычном афазе после афазового оскорбления.

Изучение афазии среди людей, говорящих на нескольких языках, было проведено специалистами в этой области, и было составлено несколько обзоров конкретных случаев (Lambert, 1972). Исследования включают правило Рибота (1882) и правило Питра (1895), которые будут обсуждаться ниже, так как именно их исследователь считал относящимися к настоящему исследованию.

Сообщалось о случаях, подтверждающих "правило рибота", которое гласит, что языковые привычки, приобретенные в раннем возрасте, как в детстве, более устойчивы к афазным повреждениям, чем те, которые приобретены впоследствии. Альберт и Облер (Albert and Obler, 1978) утверждают, что "родной язык" не только приобретен первым, но и, предположительно, выстраивается с более эмоциональным смыслом, тем самым увеличивая его относительную силу.

В важной работе Питреса (1985 г.) было предложено другое обобщение для того, чтобы учесть его наблюдения о влиянии афазии на билингвалы. По сути, Питрес утверждает, что язык или языки, наиболее употреблявшиеся до афазии, будут восстановлены первыми. Менее практикованные языки будут восстановлены менее быстро, и если язык был использован очень мало до афазии, то этот язык может не запомниться или не использоваться вообще после этого.

Минковский в Ламберте (1972) представил несколько случаев двуязычных афазов, которые он предложил в качестве исключений из принципа Питреса и которые также представляются исключениями из правила Риботов. Минковский показал, что эмоциональный или эффективный фактор, связанный с использованием одного языка, может объяснить выживание одного языка, а не другого. Изменение теории аффектов заключается в том, что языковая среда помогает человеку восстановить определенный язык. Случаи, когда аффективный фактор очевиден, предполагают, что язык, который эмоционально важен для человека, хотя и не используется так часто, как другой, может быть единственным сохранённым языком, или наименее повреждённым после афазии.

Другие случаи указывают на то, что первый выученный язык также наиболее часто используется до времени афазии, в то время как другой язык, выученный в раннем возрасте и используемый одновременно с первым языком, как правило, не используется так часто, как первый язык. После афазии оба языка повреждены, но сохраняют порядок доминирования, который был разработан до афазии. В двуязычной афазии также теоретически возможно, что каждый язык может страдать различным синдромом афазии (Goodglass 1978).

Paradis (2001) говорит, что несколько исследований пытались интерпретировать различные модели восстановления, наблюдаемые в двуязычных aphasics. Основные вопросы, стоящие на повестке дня, - это причина, по которой модели восстановления так сильно различаются у разных пациентов и почему язык восстанавливается лучше, чем другие(ие), (Aglioti, 2000). Pitres (1985) и другие неврологи в прошлом веке утверждали, что неспособность языка восстанавливаться на промежуточной и поздней стадиях была вызвана не его потерей, а скорее патофизиологическим ингибирующим эффектом, вызванным поражением. Питрес сделал этот вывод на основе общего предположения и некоторых эмпирических исследований. Общее предположение было поддержано несколькими неврологами, которые предположили, что все языки двуязычного или полиготского субъекта были локализованы в общей языковой области (Paradis, 2001; Fabbro, 1999).

Лебрюн (2003) провел исследование о закономерностях восстановления двуязычной афазии и отметил, что испытуемые могут переключаться с языка на язык, чередуя устное выражение между двумя языками. Другие предметы могут смешивать лингвистические элементы различных языков в одном предложении. В таких случаях, даже если несколько раз попросить использовать только один язык, некоторые пациенты будут продолжать смешивать и/или переключаться с одного языка на другой. Aglioti (2000) говорит, что патологическое смешивание кажется типичным симптомом, часто встречающимся в двуязычных афазах.

Приведенный выше обзор предыдущих исследований по двуязычному афазному языку помог показать, что предыдущие исследования, которые были проведены, были сосредоточены на выяснении того, какой язык двуязычного афазного восстанавливается в первую очередь после афазного оскорбления. Поэтому исследователь решил расширить рамки исследования, включив в него модели восстановления двуязычного афазного языка. Предыдущие исследования дали этому исследованию руководство по тому, как языки восстанавливаются в двуязычных афазах после афазного оскорбления, т.е. либо первый, либо второй приобретенный язык восстанавливается первым, либо оба языка восстанавливаются, но страдают от различных афазных синдромов. Таким образом, целью данного исследования будет дальнейшее изучение аспекта языка, который восстанавливается первым, когда язык восстанавливается в шона-английском двуязычном афазии.

Обзор литературы различных ученых, включая Эйзенсона (1973), Вепмана (1951) и Шуелла (1964), показывает, что существуют различные факторы, которые определяют восстановление афазии, и к ним относятся возраст, интеллект образования, а также природа патологии, рук и начало терапии после начала афазии в качестве прогностических факторов. У афазии одного и того же возраста, пола и у тех же симптомов может быть различная картина выздоровления. Это может быть связано с тем, что терапия была начата на ранней стадии одного из афазов, чем другого, их уровень образования может отличаться, и у них может быть различная степень тяжести афазии.

Это исследование важно, так как оно поможет зимбабвийским логопедам в различных реабилитационных центрах во время лечения афазии. Зная, какой аспект языка возвращается первым, логопеды узнают, какие аспекты языка требуют большего внимания во время терапии.

2.4   Афазические исследования языка банту и, в частности, шоны

Это исследование является вкладом в психолингвистику Банту и, в частности, Шоны. Шона - это язык банту. Языки банту - это группа языков, которые схожи и встречаются на юге Африки. Шона широко распространен в Зимбабве и некоторых частях Мозамбика.

Афазные исследования, которые были проведены на языках банту, включают Кудьямусуму (2005), который исследовал причину двух правого полушария пареза экспрессивных афазиков (говорящих на языке шона и ндебеле), чтобы продемонстрировать стратегии, которые используются в коррекции языковых и речевых нарушений Исследование Кудьямусумы направлено на то, чтобы установить, следует ли улучшение коммуникации после краткого курса интенсивного вмешательства, и охарактеризовать различные типы афазиков. Его исследование способствует разработке программ лечения для реабилитации афазии.

Dube (2000) также внес вклад в изучение языка банту с акцентом на нем. Дюбе провел исследование по распределению грамматических маркеров при изучении языка Ndebele, говорящего на афазе. Исследование Dube's (2000) касалось аграмматизма в афазии Брока. Он имеет дело с выборочным пропуском грамматических маркеров афазии ребенка, чтобы установить, есть ли шаблон или иерархия, которая может быть установлена в аграмматизме. Она применила теорию принципов и параметров и пришла к выводу, что относительная степень семантики была бы наилучшим подходом для характеристики уязвимости грамматических маркеров в изученном ребенке-афазисте Ndebele, говорящем на языке Брока.

Sixgoza (2007), провел исследование, которое изучало факторы, влияющие на

17

понимание у пациентов с афазией Вернике. Исследование было проведено на примере взрослого человека, говорящего на языке шона. Способность людей, страдающих афазией Вернике, к пониманию, как правило, была нарушена, но по результатам ее исследования Сиксгоза (Sixgoza, 2007) смогла сделать вывод о том, что в афазии Вернике понимание не полностью нарушено, и что существует множество факторов, влияющих на понимание языка. К таким факторам относятся стиль постановки вопросов по длине предложения, память, знание предмета, ориентация на себя, место и время, а также требование к названиям. Эти факторы могут либо увеличивать, либо уменьшать понимание языка. Эти факторы являются индикаторами других подсистем понимания в мозге. Таким образом, доказывается, что процесс языкового понимания включает в себя множество факторов.

Еще одним вкладом в афазию в языках банту является исследование, которое было проведено Chiroro et al (1997). Это исследование было сосредоточено на селективных нарушениях в первом языке с сохраненной артикуляцией второго языка. Предметом исследования была женщина в возрасте сорока пяти лет, которая говорила и на шонах, и на английском языке до того, как она страдала от афазии в результате острого праздничного заболевания малярией. После выздоровления она не могла говорить на языке шона и испытывала трудности с артикуляцией слов на этом языке. Chiroro et al. (1997), после выполнения некоторых экспериментальных заданий пришла к выводу, что у женщины были выборочные нарушения на стадии фонологического выхода лексической системы.

Вышеуказанные исследования являются вкладом в исследования банту по афазии. Обзор этих исследований послужил обоснованием для настоящего исследования.

Это объясняется тем, что настоящее исследование отличается от существующих исследований по афазии в языках банту тем, что в нем рассматривается тот или иной аспект афазии, на который ни одно из существующих исследований не смотрит.

2.5   Резюме главы

В главе были рассмотрены различные литературные источники, касающиеся афазии, афазии Брока, двуязычия, двуязычных афазии и афазии на языках банту и, в частности, на языке шона. Она послужила обоснованием для этого конкретного исследования, показывая, как она вносит свой вклад в существующий материал по теме двуязычного афазии. Следующая глава представляет собой интерпретацию результатов, полученных в ходе исследования, и обсуждение этих результатов.

ГЛАВА ТРЕТЬЯ

ПРЕДСТАВЛЕНИЕ И АНАЛИЗ ДАННЫХ

3.1   Введение

В этой главе представлены и проанализированы результаты. Данные распределены по категориям в соответствии с различными аспектами языков, на которых тестируется предмет, а именно: производство, чтение и письмо. Тест на изготовление включал в себя представление и описание картин. Тест на чтение проводился путем предоставления субъекту отрывка для чтения. Для проверки письменности испытуемого просили написать слова, которые продиктованы логопедом. Результаты были сгруппированы в два основных раздела на основе двух анализируемых языков - шона и английский. Это было сделано для того, чтобы сравнить восстановительные паттерны тех аспектов языка, на которых говорят на двух языках, так как одной из целей исследования было выяснить, будут ли эти два языка страдать одинаковыми нарушениями и будут ли они иметь одинаковые восстановительные паттерны.

3.2   Результаты

Приведенные ниже результаты взяты из интервью, которое было проведено с использованием Бостонского диагностического афазного экзамена для проверки речевой продуктивности испытуемого. Результаты показывают, как субъект, AM, ответил на различные вопросы, которые были заданы для того, чтобы проверить его производство английского языка, который является вторым языком субъекта.

АНГЛИЙСКИЙ ЯЗЫК

3.1.1 Производство

Пример

ST	:	Какой работой ты занимался до того.
		заболел?
AM	:	Я был... Я... Я мягче, сака, я делаю...
		Управление работой.
ST		Вы помните, как вы перенесли этот инсульт?
AM		Я был. Я... нок. Вообще-то, нет. Вообще-то, нет. Я...
		Я не могу вспомнить.
ST		Я хочу как-нибудь посетить ваше рабочее место,
		С кем мне поговорить?
AM		Майор... лейтенант... полковник... полковник... айва...
		полковник Сигауке
ST		Как теперь твоя память?
AM		А... Ико звино... есть... нет... нет...
		проблема.

Вышеуказанная беседа иллюстрирует вопросы, которые были заданы AM и как он на них ответил. Выводы показывают, что при восстановлении двуязычных афазов Брока испытывает трудности с произношением речи. На все вопросы были даны значимые ответы, но это было сделано усердно. Это было показано время, затраченное AM, прежде чем произнести изречение. Было много паузы между словами и много колебаний, прежде чем производить слова также было показано. Это согласуется с Дэнни (2007), который говорит, что речь Брока аффиксов является эффективной, и есть много пауз между изречениями.

Маленькие функциональные слова, например, "*а, к, оно*" были опущены АМ, когда он сказал, *что я... Iam^ я soilder вместо того*, чтобы сказать, *что я был soilder* или *я soilder*, а было опущено. Это согласуется с О Гради (1992), который заметил, что речь aphasics Брока является телеграфным, так как пациенты опускают слова функции, например, *его, к и а*.

Приведенные выше результаты показывают, что АМ имел тенденцию переключаться с одного языка на другой во время разговора даже тогда, когда его неоднократно просили использовать только один язык, например, когда он говорил: "*ико звино... там... нет никаких проблем*". Это говорит о том, что двуязычные акценты также следуют схеме использования языка, как это происходит с обычными двуязычными носителями, так как переключение и смешивание кода часто происходит у обычных двуязычных носителей.

Вышеуказанная беседа также показывает, что в двуязычной афазии Брока не существует соответствия между проблемами его производства и понимания. Об этом свидетельствует тот факт, что, несмотря на трудности в произнесении речи, он произнес содержательные высказывания и ответил на все заданные ему вопросы. Это согласуется с тем, что Хомский проводит различие между компетентностью и производительностью. Тот факт, что субъект мог произносить речь, не означает, что он не компетентен в этом языке. Сложности, с которыми сталкивается Брока при произнесении речи, не означают, что он не может понимать речь.

(Эллипсисные точки (...) между словами указывают на периоды молчания при произнесении изречения).

Речь показала нарушение, которое характеризовалось смешиванием между фонемами, например, когда АМ хотел произнести фразу *"на самом деле не"*, он сначала сказал *"на самом деле"*, а затем произнес ее правильно.

Приведенные выше результаты свидетельствуют о восстановлении речевого производства, так как пациент потерял речь из-за афазного оскорбления, от которого он страдал. Когда он начал восстанавливать речь, его речь была охарактеризована одним словом, поэтому вышеприведенные результаты свидетельствуют о восстановлении речевой деятельности.

3.2.2 Рисунок Описание

Пример

Описание фотографии также использовалось в качестве теста для измерения речевого производства. Подопытному было дано два рисунка, и его попросили описать то, что он видел на каждом из них, и пример показан ниже.

СТ   :   Расскажи мне все, что ты видишь на фотографии

АМ   :   Ребенок спит...

ST   :   Где спит ребенок

АМ   :   ...ah...sofa

ST   :   Что держит ребенок?

АМ   :   Эти ..one.s

     Кто они?

АМ   :   Ah.ah..ah.thoseones

ЗВ   :   Это люди

АМ   :   Нет

Во время описания картинки АМ отобразил много слов, которые трудно найти. Потеря им способности вызывать слова, соответствующие определенным понятиям, была тяжелой по сравнению с его уровнем артикуляции. Он показывал неспособность называть предметы, например, несмотря на то, что ему удавалось заметить, что ребенок держит кукол, он не мог их назвать. Подопытный также установил, что ребенок надевает какие-то чулки, он не может их назвать. Вместо того, чтобы сказать "носки", испытуемый сказал *"мягкие"*. Эта ошибка представляет собой близкое приближение звуков мишени. Это говорит о том, что эти ошибки, которые совершаются двуязычными афазными звуками, могут указывать на то, как слова хранятся в мозгу. Слова, которые похожи на звуки, могут находиться в одной и той же области мозга, так что в попытке получить один из них, другие также активируются.

Отсутствие слов функции привело к очень коротким предложениям, например, когда АМ сказал ... диван вместо того, чтобы сказать *на диване*.

3.2.3 Читать

Пример

Предмет получил отрывок для чтения на английском языке, чтобы проверить его восстановление чтения. Исследование проводилось с целью выяснить, восстановилось ли чтение, которое было нарушено в результате афазного оскорбления, нанесенного обследуемому. Исследование также преследовало цель выяснить, понимает ли испытуемый то, что он прочитал из этого отрывка. Пример прочтения этого отрывка показан ниже.

АМ: ....Лиан... Лиан... а... лев рождается... с глубоким... чувственным... призраком....... а... не ....один...., злобой....и процветают... триллер... и инстинкт...

в... обитателях, ...котенком... запрещающим волосы и имитации, старыми львами, горящими и, матерью.

Субъект правильно зачитал несколько слов в каждом предложении пункта. Много слов было пропущено, и в основном существительные были выбраны и правильно прочитаны, например "*лев, котенок, мать*". Многие слова были произнесены неправильно, например, "*имитация*" вместо подделок. Много пауз между словами было показано. Также отображались паузы перед произнесением слов. После прочтения отрывка субъекта попросили подытожить то, что он понял из отрывка, и он сказал, что ничего не понял. Это свидетельствовало о нарушении способности понимать.

Полученные данные показывают, что при выздоровлении, чтение параллельно производству речи. Результаты согласуются с выводами Goodglass (1970), который говорит, что аграмматичные в речи Брока, скорее всего, правильно читают существительные и основные глаголы, но пропускают или неправильно читают все маленькие грамматические слова. АМ не смог правильно прочитать некоторые слова с первой попытки, но после повторения слова несколько раз он прочитал слово правильно, например, когда он прочитал слово *лев как лиан*. Это соответствует речевой продукции АМ, например, когда он неоднократно произносил фразу "*на самом деле не*" как "*на самом деле*", но в конце концов произнес ее правильно. Слова, которые АМ правильно прочитал, в основном были обычными существительными, например "*лев, мать, котенок*". АМ правильно читал отдельные слова, но не мог правильно прочитать полные предложения. Это согласуется с Goodglass (1978), который заметил, что чтение на уровне предложений и абзацев и за их пределами почти всегда медленное и трудоемкое для всех типов. Вероятно, это связано с требованием вербальной памяти для более длинных предложений и абзацев.

Выводы показывают, что понимание прочитанного не восстановилось в АМ. Об этом свидетельствует тот факт, что испытуемый не мог суммировать прочитанное из отрывков. Это говорит об ухудшении понимания. Это может означать, что у испытуемого ухудшилась память, и это указывает на то, что память также играет роль в понимании. Это согласуется с данными Field (2003), которые говорят о том, что память играет решающую роль в функциях языка и включает в себя и понимание. Это говорит о том, что память является фактором, который влияет на восстановление чтения в двуязычных aphasics Брока.

3.3 ШОНА РАЗДЕЛ

Интервью, которое было сделано с использованием английского языка, также было сделано в Shona inorder, чтобы проверить, как испытуемый восстанавливает различные аспекты языка в "Shona, который является родным языком испытуемого". Это было сделано потому, что испытуемый был двуязычным "шона-английским", и целью исследования было установить закономерности восстановления компонентов языка на обоих языках двуязычного испытуемого. Исследователь перевел вопросы по BDAE для того, чтобы протестировать речевую продукцию пациентов, как показано в примере ниже.

3.2.1 Производство

Пример

ST	:	Maswera muchiitei nhasi?
		(Чем ты сегодня занимался?)
AM	:	Нда-нга, Нданга... Ндакавата пасофа...
ST	:	Вефисио - терапия ваимбуя кузокуонай здесь?
		(Вы получали какие-нибудь визиты от Физио?)
		Терапевты)
AM	:	Ваймбуя... но... пандаканингирикина.
		Ндангандичингирикана,
		Ндичиенда...куГайлс.нКутиНдангандичибХадхара.
ST	:	Кури кути муноенда кубаса нхаси кана мангвана
		Мучири кузвирангарира здесь звекунойта?
		(Если ты вернешься на работу сегодня, ты все еще будешь
		Помните, что вы должны делать)
AM	:	А... Ндокваниса... но проблема... глаз... ку... таура...
		Но кутиндинозива кутиндинозива сэй, но некуньора.
		Хэндигон.
		(Да, я знаю, что делать, но проблема в том, что я не могу
		Пишите)

На вопросы Шоны ответили так, чтобы показать, как много выздоровления происходит в

Шона. Тема ответила на вопросы Шоны лучше, чем на вопросы англичан. Это связано с тем, что, отвечая на вопросы Шоны, AM продолжал расширять свои ответы и давал дальнейшие разъяснения. Несмотря на то, что на речь ответили с большим усердием, время, затраченное на произнесение речи, было меньше, чем время, затраченное на произнесение речи на английском языке, который является вторым выученным языком АМ.

3.2.2 Представление картинки

Изображение и описание также использовались для оценки речевого производства. Объекту давали картины и просили описать, что происходит или появляется на картине в Шоне. Ниже приведен пример того, как АМ описал одну из фотографий.

Пример

АМ	:	Mwana...imukoniana...ari kupleka...imasol'l...
		Манхинги... а...а, сака акагара...пачея складывается, складывается...а...
СТ	:	Масокс ачо мамботариса сваакаита здесь?
АМ	:	Академбу...академбу...ака...хаана кунхингирикина...
		Кувхара цока...ндофунга...акабварука...иро рамве...иро рамве...иро рамве...иро...иро рамве...
		Ах...ах rimwe riri право.

Несмотря на то, что АМ правильно описал фотографии, он показал много слов в поисках трудностей. Он не смог назвать некоторые вещи, которые появлялись на фотографиях. Для того, чтобы продолжать объяснять то, что появлялось на картинке, логопед дал несколько подсказок и подсказок. Речь была произнесена кропотливо. Помимо сложностей, связанных с производством, субъект расширил своё описание и дал предложения о том, что могло бы произойти с чулками, которые были на мальчике. Это говорит о лучшем восстановлении речевого производства в Шоне, чем в английском.

28

3.4 Читать

Восстановление чтения проверялось путем предоставления субъекту отрывка для чтения в Шоне. Пример чтения испытуемого показан ниже.

Пример

Кана...мук...оита...ndozvaanoda...kushaya hanya...

Ханя... Наванху... ахиратидза... кути... Мукадзи

a..ava.nepamuviri..ah.ah.pamuviri..ndechekuti.mukadzi ange ...ati.kungogara

...mupapari ...ka.nekusona.zvinhu.panenge ...patasadza ...Mamba ...kunge mukadzi

...abva asiya ...mupapari ...ka.nekusona ...zvinhu.panenge ...patasadza ...Mamba ...kunge

mukadzi ...abva asiya

..vachitsanangurirarana... munin'ina womukadzi .kana.mwana ..mukadzi.

Приведенные выше данные свидетельствуют о том, что, как и в английском языке, субъект правильно прочитал несколько слов в каждом предложении, и это, например, существительные. *Мукадзи"* Некоторые слова были пропущены, и большинство слов было произнесено неправильно, например, *ramwe* вместо *rimwe*. Невозможность произнести или произнести определенные слова приводит к искажению формирования предложения. Чтение было сделано с большим усилием. Много усилий было затрачено на чтение отрывка, в отличие от случая, когда субъект произносил речь спонтанно. После прочтения отрывка субъекта попросили подытожить то, что он понял из отрывка, и он сказал, что ничего не понял. Это также приводило к ухудшению понимания. Отсутствие краткого изложения отрывка говорит о том, что в какой-то степени это влияет на понимание афазиса Брока. Это может быть связано с нарушением памяти. Это согласуется с мнением Дэнни (Danny, 2007), который говорит, что недавно было обнаружено, что понимание речи также влияет на афазии Брока, хотя наиболее заметной особенностью является фрагментарный характер речевого произношения.

3.5 Написание

Когда логопед попросил субъекта написать под диктовку и Шона, и английские слова, он сказал, что не умеет писать. Это было вызвано сильным парезом, который касался правой руки испытуемого, которую он использовал для письма.

Полученные данные свидетельствуют о том, что письменность является последним аспектом восстановления языка. Это согласуется с мнением Сарно (Sarno, 1981), который говорит, что нарушение способности к письму обычно сохраняется, как наиболее тяжёлый остаточный Уитакер и Уитакер (Whitaker, 1977), также обнаружили, что письмо является наиболее сложным из всех языковых форм выражения. Сарно (там же) обнаружил, что специфическая форма нарушения способности к письму имеет тенденцию показывать некоторые параллели с устным языком, особенно в отношении наличия словосочетания, парафазии и аграмматизма.

Однако, во время настоящего исследования связь между производством и письмом, как это наблюдалось в Сарно (1981), не могла быть установлена в связи с тем, что, когда логопед попросил АМ написать под диктовку, он сказал, что не может писать. Подопытный перенес инсульт (CVA), который привел к тяжелому парезу, который включал в себя правую руку, которую он использовал для письма. Это говорит о том, что восстановление письма связано с различными факторами, которые включают в себя инвалидность предпочитаемой руки. Эйзенсон (1973), предполагает, что в таких случаях необходимо менять руку.

Тот факт, что AM показал лучшие результаты в речевом производстве и чтении в Шоне, чем в английском языке, говорит о том, что в двуязычном aphasics первый приобретенный язык восстанавливается первый и лучше, чем второй выучил язык. Это может быть подкреплено наблюдением Альберта и Облирса" (Albert and Oblers, 1978), в котором говорится, что "родной язык" не только приобретается первым, но и, предположительно, выстраивается с более эмоциональным смыслом, тем самым увеличивая его относительную силу.

Это означает, что к данному исследованию применялось правило Ribots (1882). Правило Ribots гласит, что ранее изученный язык восстанавливается первым в двуязычных афазе.

AM показал лучшие результаты в производстве речи, чем в чтении и письме. Это говорит о том, что речевое производство восстанавливается сначала и лучше, а затем читать, а затем писать. Хотя речевое производство показывает много ошибок, это первый аспект языка, чтобы восстановить в aphasic Брока.

Полученные данные показывают, что афазия влияет на производство речи, чтение и письмо на обоих языках двуязычной брука-шона-английского. Однако второй изученный язык (английский), похоже, более ослаблен, чем Shona, которая является матерью субъекта.

3.6 Резюме главы

Полученные данные свидетельствуют о том, что сначала восстанавливается речевое производство, а затем читается, а затем пишется. Хотя речевое

31

производство сначала восстанавливается, оно проявляет некоторые ошибки. Когда чтение восстанавливается, оно сравнимо с речевым творчеством в том смысле, что оно проявляет те же самые характеристики, что и в речевом творчестве. Данные также говорят о том, что при восстановлении первый приобретенный язык двуязычия восстанавливается первым и лучше, чем второй выученный язык.

Данные показывают, что хотя речевое производство в основном является тем, что влияет на двуязычный аффикс Брока, понимание также влияет в определенной степени.

ГЛАВА ЧЕТВЕРТАЯ

ВЫВОДЫ И РЕКОМЕНДАЦИИ

Различные модели восстановления могут сопровождаться двуязычным акцентом. Похоже, что данные свидетельствуют о том, что первый приобретенный язык восстанавливается первым и лучше в двуязычном афазе Брока Шона - Английский. Это может быть объяснено тем, что АМ выступил лучше в речевом производстве и чтении в Шона, который является его родным языком, чем в английском его второй изученный язык.

Альберт и Облер (Albert and Obler, 1970) говорят, что "родной язык" не только приобретается первым, но и, предположительно, выстраивается с более эмоциональным смыслом, увеличивая тем самым свою относительную силу. Поэтому могут быть проведены дальнейшие исследования для того, чтобы установить другие модели восстановления, которые языки могут принимать двуязычные афазии...

Различные формы речи, на которые оказывает влияние афазное оскорбление, восстанавливаются с разной скоростью. Данные показали, что речевое производство восстанавливается сначала при чтении, а затем при письме. Эти формы восстановления речи восстанавливаются с разной скоростью из-за различных факторов, которые влияют на их восстановление. Это можно объяснить неспособностью АМ писать из-за инвалидности правой руки, которую он использует для письма. Эта неспособность правой руки испытуемого была вызвана афазным оскорблением, от которого он страдал. Поэтому можно провести дальнейшие исследования, чтобы изучить больше факторов, которые могут повлиять на восстановление языка в двуязычном афазе.

Полученные данные также показывают, что афазия влияет на производство речи, чтение и письмо на обоих языках билингвалов Broca's Shona -English. Тем не менее, второй выученный язык, похоже, страдает от большего ухудшения, чем первый приобретенный язык.

Исследователь надеется, что настоящее исследование будет иметь большое значение для изучения афазии на языках банту.

РЕФЕРЕНЦИИ

Альберт и др. (1981). <u>Расстройства связи с человеком 2, Клинические аспекты дисфазии.</u> Р. Шпионы и Ко. Австрия.

Альберт и Обл, (1982). <u>Двуязычный мозг, нейропсихологические и нейролингвистические аспекты двуязычия</u>. Академическая пресса: Нью-Йорк.

Aglioti (2000). http:// <u>www.ling.fju.edu.tw/cognitive</u> лингвистика / лекция.

Аврутин, Эс. (1999). <u>Разработка синтаксиса - Дискуссионный интерфейс</u> Dordrecht / Kluner <u>Academic Press.</u>

Мозг, Л. (1965). <u>Речевые расстройства: афазия, апраксия и агнозия,</u> [2-e] изд. Баттерворс и Ко Издательство Лтд : Лондон.

Брока (1860), в Альберте и Облере (1982). <u>Двуязычный мозг, нейропсихологических</u> и нейролингвистических аспекты двуязычия. Академическая пресса: Нью-Йорк.

Батфилд и Занг, (1964) в Мозге, Л. (1965). <u>Речевые расстройства: Афазия, Апраксия и Агнозия,</u> [2-e] изд. Баттерворс и соиздатели Ltd: Лондон.

Чиророро и др. , (1997). <u>Избирательное отмирание на первом языке с сохраненной</u> артикуляцией <u>на втором</u> l языке: Практический пример , Университет Зимбабве, Хараре.

Дэнни, Д. (2007). <u>Введение в психолингвистику,</u> Штейнберг, Наталья В. Сиарини: Китай.

Дюбе, С. (2000). <u>Распределение грамматических маркеров в речи говорящего на ндебеле Афазика: тематический пример</u> (неопубликованная диссертация) Университета Зимбабве // <u>Распределение грамматических маркеров в речи говорящего на ндебеле Афазика.</u>

Айзернсон-Джей. (1973). <u>Взрослая афазия; оценка и лечение.</u> Эпплтон - ремесла Центурия: Нью-Йорк.

Фаббро и др., (2001). <u>Многоязычная</u> библиотека идей, http//www.idea library .com.

Фаббро и др. (1999). <u>Многоязычный мозг</u> http//www.idealibrary.com

Филд, Дж. (2003). <u>Книга резерва для студентов</u> . Рутледж Тейлор и Фрэнсис Груп: Лондон.

Goodglass, H. (1978) . <u>Избранные работы в области нейролингвистики,</u> Вильгельм Финк Верглаг: Лондон.

Гудласс, Эйч. (1970). <u>Тест по названиям в Бостоне).</u> Филадельфия; Леа и Фебигер.

Инглис, А.Л. (1999). <u>Сложность асинтаксического осмысления: исследование необычной диссоциации между пассивами и родственными объектами</u>, Журнал нейролингвистики 12.

<u>Международная энциклопедия лингвистики</u> (2003 год). вторая (ред.) Пресса Оксфордского университета, Лондон.

Кандель , (1998). http://www.ling.fju.edu.tw / признание лингвистики / лекции.

Кудямусума М. (2005). <u>Анализ стратегий, используемых в коррекции языковых и речевых нарушений.</u> Пример из практики, Медицинский центр Св. Жиля Хараре (неопубликованные диссертации с отличием): Университет Зимбабве.

Ламберт, В.Е. (1972). <u>Язык, психология и культура,</u> Пресса Стэнфордского университета: Калифорния.

Лебран, (2003). <u>Многоязычный мозг</u> http.//. www.library .com.

Лебран, (2001). <u>Многоязычный мозг .</u> http//www.idea library .com.

Морган, Ти. (1975). <u>Введение в психологию.</u> МакГро Хилл: США.

О'Грэдди и др. (1992). <u>Современная лингвистика"; Введение .</u> Сент-Мартинс Пресс Нью-Йорк.

Паради (2001). http:www.linguistlist.org/issues /17/17-284 /html.

Питрес (1895) в Альберте и Облере, (1978). <u>Двуязычный мозг; Нейропсихологических и нейролингвистических аспектов двуязычия.</u> Академическая пресса: Нью-Йорк.

Питрес (1985) в Мозге, Л. (1965). <u>Речевые расстройства, афазия, апраксия и агнозия</u> [2] <u>(ред),</u> Баттервортс и соиздатели Ltd: Лондон.

Рибстс, (1982) в Мозге, Л. (1965). <u>Речевые расстройства; афазия, апраксия и агнозия</u> [2] <u>(ред),</u> Баттервортс и соиздатели ООО: Лондон.

Sand et al (1969), в Чепеи. (1981) <u>Стратегии языкового вмешательства во взрослой афазии,</u> Нью-Йорк: Уильямс и Уилкинс.

Сарно, М.Т. (1981), <u>Приобрел Афазию,</u> Академическая пресса: Нью-Йорк.

Шуэль, Х. и др. (1964). <u>Афазия у взрослых:</u> прогноз и лечение. Harper and Raw Publishers : Нью-Йорк.

Сигхоса, А.С. (2007). <u>Исследование факторов, влияющих на понимание у пациентов с</u>

Афазией Вернике: тематическое исследование (неопубликованные дипломные работы с отличием, Зимбабвийский университет.

Виньоло, Л. (1964). Эволюция афазии и языковой реабилитации , ретроспективное исследовательское исследование, Corte : Нью-Йорк.

Вайнрайх (1953). Языки и контакт : Многоязычные вопросы . Издательство Блэквелл: Кембридж.

Вайнрайх, (1978). в Appel, R и Muysken, P (1987), Языковой контакт и двуязычие. Routledge, Chapman and Hall, Inc, Нью-Йорк.

Уитакер и Уитакер, (1977). Исследования в области нейролингвистики (том 3), академическая пресса, Нью-Йорк.

Вепман, (1951). Диагностика и оценка в речевой патологии, Нью-Джерси Прентис Холл.

Вуд, С и Вуд Джи, (1999). Мир психологии Viacom Company . США.

ПРИЛОЖЕНИЕ А

БОСТОНСКОЕ ДИАГНОСТИЧЕСКОЕ ОБСЛЕДОВАНИЕ АФАЗИИ

(B.D.A.E.) КОНТРОЛЬНЫЙ ЛИСТ

1. РАЗГОВОРНАЯ И ПОЯСНИТЕЛЬНАЯ РЕЧЬ

Провести неофициальный обмен мнениями с учетом предложенных вопросов, с тем чтобы получить как можно больше желаемых ответов. Записывать дословно. Записать, если это возможно.

a. Ответ на приветствие . (В. "КАК ВЫ ДОГОВОРНЫ?" или эквивалент):

b. Ответьте "Да" или "Нет" (Q " КАЖДЫЙ ВЫ ДОЛЖНЫ были ПРЕДСЕДАТЕЛЬНЫМ?" или "КАЖДЫЙ Я ПРОВЕРКИРОВАЛ ВЫ ДОЛЖНЫ были?"):

c. Ответ: "Думаю, да" или эквивалент.(В:ВЫ СЧИТАЕТСЯ, МЫ Могли бы Вам помочь?" или "...МЫ МЫ СЧИТАЕТСЯ ВАМ?"):

d. Ответ "Я не знаю" или эквивалент. (Q: КОГДА ВАШЕ ЛЕЧЕНИЕ БУДЕТ ЗАКОНЧЕНО?"):

e. Ответ: "Надеюсь" или эквивалент. (Q "СЛИШКОМ ДОЛГО БУДЕМ НАДЕЯТЬСЯ... ЧТО СКАЖЕШЬ?"):

f. "Как ваше полное имя?"

g. "Какой у вас полный адрес? "(Примите как правильный любой ответ, включающий улицу и номер или улицу и город):

h. Открытая беседа: Для того, чтобы получить как можно больше свободного общения, эксперту предлагается начать со знакомых тем, таких как: "Какой работой ты занимался до того, как заболел?" и "Скажи мне, что случилось с тобой, чтобы отвезти тебя в больницу". Поощряйте пациентов говорить 10 минут, если это возможно. (Минимизируйте использование "да" - "нет" вопросов и изучение конкретных фактов. Если запись не используется, записывайте как можно больше дословно.

i. Представление картины. Покажите фотографию и скажите пациенту: "Расскажите мне все, что вы видите на этой фотографии". Укажите на игнорируемые черты картинки и попросите прояснить, является ли реакция пациента более скудной, чем его кажущийся потенциал. Обычно достаточно минуты.

Воровство куки-файлов (карта 1) (в данном исследовании использовались различные изображения).

Это не единственная часть теста, но именно этот раздел был использован.

ПРИЛОЖЕНИЕ В

АНГЛИЙСКОЕ ИНТЕРВЬЮ

Q	:	Ты помнишь дату, когда ты перенесла этот инсульт?
A	:	III был, ночью, ночью... не совсем... Я не могу...
		Вспомни.
B	:	Помните ли вы людей из физиотерапии
		Департамент придет к тебе?
O	:	Да.
B	:	Но не было речи?
O	:	Да.
Вопрос	:	Чувствуете ли вы, что эта речь будет длиться вечно?
O	:	Я не могу... Я не могу... Я не знаю.
B	:	Как теперь ваша память?
A	:	А : А:Ико Звино...А:А:А:Нет проблем.
B	:	Как ваше полное имя?
A	:	Амон Мугаве
B	:	Дай мне полный адрес
A	:	16 Андерсон авеню Кортвуд Хилл.
B	:	Расскажите мне все о работе, которую вы использовали Тодо.
		до того, как вы перенесли этот инсульт.
O	:	Я был... Я был... Я... Я-я-я-я-я-я-я-я делаю работу.
		мана-менеджмент.
B	:	Какое управление --- это администрирование ?
O	:	Да.

Вопрос: Чтобы твой ранг был

A	:	Лейтенант... а... майор.

39

Q   :   Ты не посещаешь логопедов, я должен прийти. Как тогда

ты собираешься совершенствоваться?

Я не знаю... потому что... есть... проблема с.. .

Наличными.

B   :   Вам нравится ваша работа?

A   :   Очень-очень-очень

B   :   Что вам нравится в вашей работе?

O   :   Всё

O   :   Я хочу посетить ваше рабочее место в эти дни, с кем я говорю.

до?

A   :   Полковник, лейтенант, полковник...а-айва...а- полковник Сигаук

B   :   Расскажи мне о своей семье

O   :   У меня 5 детей. Геофри. Учитывая, Подарок, Геолота... и...

Геофри, последние роды - близнецы.

B   :   Что тебе не нравится на работе?

O   :   Всё

B   :Есть   вещи, которые вам не нравятся. Что такое

Они?

Ничего. Я... наслаждаюсь всем   .

ПРЕЗЕНТАЦИЯ ФОТОГРАФИИ

B   :   Расскажите мне все,   что вы видите на этой фотографии на
английском языке.

A   :   Ребенок ....спит.

Q	Где спит этот ребенок?
A	...в ....одиночку
Q	Что еще ты видишь?
A	Эти-оны
Q	Что это за штуки?
A	Ах... Ах, ... Ах...
Q	Это люди?
A	А... нет... они... как... что... а...
Q	Куклы?
A	Да Куклы

**ИЗОБРАЖ
ЕНИЕ 2**

Q	Расскажите мне все, что вы видите на этой фотографии
A	Хитрость - это ...ах. говорить ...ах...ах...ах...ко...ко...ко...ко...ко...
Q	Что она открывает?
A	Да
Q	Что это? Может это коробка
A	Да... коробка
Q	Что в коробке?
A	Ничтожество... шляпа...
Q	Какого цвета шляпа?
A	Black
Q	Черный - Какого цвета старый костюм на ней.
A	А-а-а-а
Q	Розовый, не так ли?

A   :   Ah-yes

Спасибо

SHONA

Q   :   Макадини майор Мугабе?

A   :   Ндири правый Ндири... верно?

Q   :   Maswera zvakadii nhasi?

A   :   Ндасвера, Ндасве-ра

Q   :   Maswera muchiitei

A   :   Хапана... Нандангандакавата...

Q   :   Мамбойта-маексансы здесь?

A   :   ла-па-на . Нданга анда-кавата. паасофа.

Q   :   Макамбопинда мучипатара здесь?

A   :   Эй, падоктор, Ндивени... мутаун...

Q   :   Vephisio theraphy vambouya kunokuonai здесь?

A   :   Ваймбуя ... но пандаказонгирикина, Нанданга-ндичи

нингирикина ... ку Святой Жилец ... Некути ...

Нанданга-ндичибхадхара

H   :   ло-майбхара мега?

A   :   ло-нгю

Q   :   Ко куспич макамбондиона здесь?

A   :   Ндакаона -ndakaona nemi -ruviri-kunhingi kuGiles

Q   :   Мучизвитарисиса мюрикуона тикваниса кукубацирай

здесь куспич?

A   :   Ндофанирва... куона .ико звино... гандизивихангу... кути...

Звичафамба... сэй?

B   :   Мунофунга - мучаная рини куспич?

A   :   Хандисати

B   :   Ндитаурирейво зита ренью рес раказара

A   :   Амон Мугаве

B   :   Макабереква купи?

A   :   КуМасвинго

B   :   Мугор рипи?

A:1960

B   :   Ндиудзейво керо йепано?

A   :   16 Андерсон - Кортсвуд Хиллс

Q   :   Tiudzeiwo zvekubasa kwenyu, kushanda kwamayiita

A   :   Ндиношанда - мюофис... управление офисом...

...ndenge... ndichiita....management

Вопрос   :   Курикути муноенда кубаса нхаси кана мангвана мухири

кузвирангарира здесь звекуноита кубаса

A   :   Нокваниса, но... проблема... Ндеекутаура, но кути...

Ндозива ...здесь кутидозива ...здесь кутидозива ...но нокуньора ...аси

кунонеца.

B   :   Кури кутиндиноенда кубаса квеню, матиндонуна   ани зия?

A   :   Полковник Сигаукэ наДоктор...Чикура...

anokwanisa kuti...vataure .nashefu

Кунофамбика здесь?

A   :   ах, но...я. звир ку...ари.ку.ба.ах, но гандичазиви...

кути... ушной вкладыш, кунамабус...   ушной вкладыш. Ndofunga

43

... токванисакутаураномукваша

...литенант. Полковник Анокваниса Кути, Кутитакура...

Q   :   mune vana vangani?

A   :   5

B   :   Мазита аво мучири куазива здесь?

A   :   Годфри, Годфри, Гелот, Подарок...

ПРЕЗЕНТАЦИЯ ФОТОГРАФИИ

Q   :   Nditsananguririiwo zvamuri kuona pamufanidzo yandinayo

        ийи тичитанга

A   :   Ndir..kuona.mwana.akabata bhanana.ndofunga arikuda

        кудя сака... акагара паси. Паси... поглаживаемые... мафруты. акагара

        поглаживаемые.

ИЗОБРАЖЕНИЕ 2

B   :   Nditsananguririiwo zvakare zvamuri kuona pamufanidzo

        ую вандиво.

A   :   Mwana..mukomana..ari..ku.pfe..ka..masoft ..manhingi

        А-а-а-сака акагара пачея складывается...

B   :   Мамбониатотариса Звакаита Масоксачо здесь?

A   :   Академбу...хаана...кухингирикина...кувахара

        ..куцока...ndofunga akavaruta.akabvaruka ..iro ramwe ..ah, rimwe riri

        right.

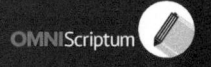

Printed by Books on Demand GmbH, Norderstedt / Germany